AF103599

www.ingramcontent.com/pod-product-compliance
Lightning Source LLC
LaVergne TN
LVHW010423070526
838199LV00064B/5405
* 9 7 8 9 3 5 8 7 2 8 9 9 6 *

محبِ اردو ۱۹۹۸
(سونیر)

ہندوستانی بزم اردو (ریاض)

مرتب یا ناشر کی پیشگی اجازت کے بغیر اس کتاب کا کوئی بھی حصہ کسی بھی شکل میں بشمول ویب سائٹ پر اَپ لوڈنگ کے لیے استعمال نہ کیا جائے۔ نیز اس کتاب پر کسی بھی قسم کے تنازع کو نمٹانے کا اختیار صرف حیدرآباد (تلنگانہ) کی عدلیہ کو ہو گا۔

© ہندوستانی بزمِ اردو

کتاب	:	محبِ اردو ۱۹۹۸ (سونیر)
مرتب	:	ہندوستانی بزمِ اردو
صنف	:	سونیر
ناشر	:	تعمیر پبلی کیشنز (حیدرآباد، انڈیا)
سالِ اشاعت	:	۲۰۲۴ء
صفحات	:	۳۰
سرورق ڈیزائن	:	ہندوستانی بزمِ اردو (ریاض)

محبِ اردو

سونیر ہندوستانی بزم اردو

ریاض۔ سعودی عرب

بیادگار تقریب پیش کشی محب اردو ایوارڈ ۱۹۹۸

جمعرات۔ ۱۰ ستمبر ۹۸

( )

مجلس ادارت

آرکیٹیکٹ محمد عبدالرحمٰن سلیم

غوث ارسلان

عطیہ فاطمہ

تصاویر ..... کے۔ این۔ واصف

طباعت .... سید عبدالمعید

ہندوستانی بزم اردو

نواب سکندر علی خان صدر

آرکیٹیکٹ محمد عبدالرحمٰن سلیم معتمد

عابد معز خازن

عذرا نقوی غوث ارسلان کے۔ این۔ واصف محمد اکرم (اراکین عاملہ)

خط و کتابت کا پتہ ۔ محمد عبدالرحمٰن سلیم پوسٹ بکس ۳۲۹۶ ریاض ۱۱۳۹۱ فون دفتر-۴۷۶۶۵۰۰ رہائش فون و فیکس ۲۳۹۱۹۰۵

محبِ اردو ۱۹۹۸ (سونیر) 6 ہندوستانی بزم اردو

فہرست

پیام	سفیر ہند ریاض	8
پیام	ڈاکٹر ماجد قاضی	9
پیام	ڈاکٹر فہد الطیاش	10
پیام	اردو نیوز	11
پیام	پرنسپل انٹر نیشنل انڈین اسکول	12
خطبہ استقبالیہ	محمد سکندر علی خان	13
تعارف ہندوستانی بزم اردو ریاض	آرکیٹکٹ محمد عبد الرحمن سلیم	15
نعت	علیم احمد صدیقی	17
غزلیں	ذکا صدیقی / ظفر مہدی	18
دل ڈھونڈتا ہے پھر وہی فرصت۔۔۔	ڈاکٹر سعید نواز	19
کھلے دریچے	ڈاکٹر غفار حسینی	19
جادو نگری	عذرا نقوی	20
جدید ترانہ برصغیر	ڈاکٹر پرویز احمد	20
اردو ہے جس کا نام	عابد معز	21
اردو کی نئی بستیاں	کے این واصف	22
غزلیں	اقبال فرید میسوری / انجم اقبال	24
غزلیں	محمود شاہد / سعید احمد منتظر	25
آزادی کی ایک نظم	عطیہ فاطمہ	26
غیر مقیم ہندوستانی	آرکیٹکٹ محمد عبد الرحمن سلیم	26
اپنی بات	مجلس ادارت	27
تصاویر	ہندوستانی بزم اردو	28

محبِ اردو ایوارڈ ۱۹۹۸

ایوارڈ کمیٹی

ڈاکٹر سعید نواز	صدر
ڈاکٹر افسر خان	رکن
کے۔ این۔ واصف	رکن
نواب سکندر علی خان	رکن

ایوارڈ یافتہ

سعودی ریسرچ اینڈ پبلشنگ کمپنی
ناشر روزنامہ اردو نیوز جدہ

भारत का राजदूत, रियाद

AMBASSADOR OF INDIA
RIYADH

پیام

اوروں کا ہے پیام اور میرا پیام اور ہے
عشق کے دردمند کا طرزِ کلام اور ہے

یہ ایک مسلمہ صداقت ہے کہ زبان تمام مخلوقاتِ عالم کی ایک فطری ضرورت ہے اور یہ بات بھی تسلیم شدہ ہے کہ زبان اور بیان کے مختلف انداز تخلیق کار کی عظمت کی نشاندہی کرتے ہیں اور ماحول کی یکسانیت و تکرار سے انحراف کرتے ہوئے اس کو وسعت عطا کرتے ہیں۔ بدلتے ہوئے یہ انداز قدرت کا انعام ہے اور یہی وجہ ہے کہ ان افکار اور انداز بیان کی تبدیلی کو ہمیشہ پسند کیا گیا اور ایسے با عزم افراد کو داد و تحسین سے نوازا گیا۔

ہندوستانی بزم اردو ریاض سعودی عرب ایک ایسی پر عزم اور فعال انجمن ہے جس نے کم مدت میں بے شمار ایسی ادبی تقاریب کا اہتمام کیا جس میں دکنی، دھلوی اور لکھنوی مکاتب فکر کا حسین امتزاج پیش کیا گیا اور جس نے مایوس فکر و نظر کے بیشتر افراد کو شاداں و فرحاں کر دیا۔ یہ ایک ایسا کارنامہ ہے جو یقیناً لائق ستائش ہے۔
اردو والوں کی بزم کی انتھک جدوجہد سے ہمیشہ نئے افق ملتے رہے ہیں۔

محب اردو ایوارڈ کی پیش کشی اور اس کے لئے سعودی ریسرچ اینڈ پبلشنگ کمپنی کا انتخاب در حقیقت اس ادارہ کی خدمات کا اعتراف ہے جس نے دنیائے عرب سے پہلے اردو جریدہ اردو نیوز کا اجراء کر کے کیا۔ اس یادگار موقع پر میں اپنی نیک خواہشات ادارہ اردو نیوز کے تمام ارکان کو پیش کرتا ہوں۔ اور مجھے یقین ہے کہ آنے والے ماہ و سال میں اردو نیوز پر وہ نکھار آئے گا کہ بزم عالم کے ہر اردو قاری کو یہ اپنے انداز و بیان سے ضرور متاثر کرے گا۔ یہ دل کا معاملہ ہے اس لئے دلبر کی ستائش لازمی۔

میں مبارک باد پیش کرتا ہوں ہندوستانی بزم اردو کو جنہوں نے یہ اہم اور صحیح قدم اٹھایا ہے۔

یکم ستمبر ۹۸

محمد حامد انصاری
سفیر ہند

ڈاکٹر ماجد قاضي

رياض - سعودي عرب

پیام

ادبی رسالے، سنجیدہ مشاعرے، مزاحیہ مشاعرے اور الوارڈز تقاریب وغیرہ زندہ سماج کے زندہ ادب کو تہذیبی لین دین سے رواں دواں رکھتے ہیں. ہمارے حواس خمسہ کو فعال اور متحرک رکھنے کے لئے نئے نئے دریچے کھلتے رہنے چاہئیے ورنہ مادہ پرست آنکھوں کا اندھا پن اور عاری کانوں کا بہرہ پن زندگی میں اکتاہٹ، بے تعلقی اور لامعنویت پیدا کردیتا ہے. کارکنان ہندوستانی بزم اردو کی قابل قدر اردو خدمات شہر ریاض ہی نہیں بلکہ دور دور تک مقبول ہو چکی ہیں.

ہندوستانی بزم اردو کی کوششوں نے یہ بتا دیا ہے کہ صحراؤں میں بھی پھول کھلتے ہیں اور خوشبو پھیلتی ہے اور سنہری چاندنی کی فواران خیموں پر بھی پڑتی ہیں جہاں رنگین شام سوتی ہے.

قابل مبارک باد ہے سعودی ریسرچ اینڈ پبلشنگ کمپنی اور اس کے کرتا دھرتا کیوں کہ اردو نیوز کی اشاعت سے اردو قافلہ کی راہیں عرب دنیا میں بھی روشن ہو گئی ہیں. جناب فہد عبداللہ الطیاش نائب مدیر العام کو محب اردو الوارڈ ۹۸ حاصل کرنے پر دلی مبارک باد.

کارکنان ہندوستانی بزم اردو کو میرا سلام

یہ راہ عشق ہے چلے چلو

ڈاکٹر ماجد قاضی

۵ ستمبر ۹۸

الشركة السعودية للأبحاث والنشر
شركة ذات مسئولية محدودة
مركز النشر بالرياض

arab news

اُردو نیوز

ص.ب : ۴۷۸ - الرياض ۱۱۴۱۱
مبنى المجموعة
السعودية للأبحاث والتسويق
حي المؤتمرات - طريق مكة المكرمة
هاتف : ۴۴۱۹۹۳۳ (۰۱)
فاكس : ۴۴۱۹۳۹۰
P.O. Box : 478 - Riyadh
11411 S.R.M Bilding Rel
Al Moatamarat - Makkah
Road - Tel. : (01) 4419933
Fax : 4419390

پیام

یہ جان کر انتہائی مسرت ہوئی کہ ہندوستانی بزم اردو نے ۱۹۹۸ کا محب اردو ایوارڈ سعودی ریسرچ اینڈ پبلشنگ کمپنی کو دینے کا فیصلہ کیا ہے۔ یہ ایوارڈ کمپنی کے جریدہ اردو نیوز کے ذریعے اردو زبان کی خدمت کے اعتراف کے طور پر دیا جارہا ہے۔

بلاشبہ یہ ہمارے لئے باعث افتخار ہے کہ اردو زبان کے لئے ہماری خدمات کا اعتراف کیا جارہا ہے جو باشندگان برصغیر کی سب سے زیادہ بولی اور سمجھی جانے والی زبان ہے۔ اس زبان نے برصغیر کے باہم روابط کو مستحکم کرنے کے سلسلے میں جو کردار انجام دیا ہے وہ ایک ناقابل انکار حقیقت ہے۔ عرب سرزمین سے اس زبان میں ایک اخبار کے اجراء کا فیصلہ ہی اس زبان کی مقبولیت کی ایک دلیل ہے۔ یہ اردو زبان کی مقبولیت ہی تھی جس کی وجہ سے اردو نیوز کی اشاعت میں آناً فاناً گراں قدر اضافہ ہوا۔

میں آپ کی تقریب کی کامیابی کے لئے دعاگو ہوں اور متمنی ہوں کہ ہمیں اردو زبان کی خدمت کا مسلسل موقع ملتا رہے گا۔

Fahad Tayash

ڈاکٹر فہد الطیاش
نائب مدیر العام سعودی ریسرچ اینڈ پبلشنگ کمپنی

۳ ستمبر ۹۸

URDU NEWS

اردو نیوز

FIRST URDU DAILY FROM ARAB WORLD

پیام

خوشی اور مسرت کے جذبات اور سپاس گزاری کے احساسات کا الفاظ میں مکمل اظہار کوئی آسان کام نہیں ہوتا لیکن اپنے جذبات اور احساسات کے اظہار کا ہمارے پاس یہی ایک ذریعہ ہے جس سے ہم کام لے سکتے ہیں.

رضامندی اور خوشنودی میں اپنے اسباب و دواعی کی مناسبت سے اختلاف ہو سکتا ہے. یہ ایک اتفاق ہے کہ ایک شخص اپنے آپ کو پا رہا ہے کہ اس کی تعریف و تحسین ایک ایسے کام کے لئے جاری ہے جو اس نے مصلحت عام اور فائدہ کے لئے کیا ہے. کامیابیاں بذات خود بھی باعث فخر و انبساط ہوتی ہیں تاہم اگر اس کے ساتھ لوگوں کی تحسین و ثناء بھی شامل ہو جائے تو گویا سونے پر سہاگہ.

آج ہمارے برادران گرامی قدر کار پردازان ہندوستانی بزم اردو ریاض نے ہمیں ہماری ناچیز خدمات کے اعتراف اور قدر افزائی کے طور پر اعزاز سے نوازا ہے. انہوں نے اردو نیوز کے کردار کو جو اس نے خلیج کی ریاستوں اور عرب ملکوں میں زبان اردو کی خدمت میں ادا کیا ہے، سراہا ہے. اس موقع کی مناسبت سے میں اردو زباں اور اہل اردو زبان دونوں کو سلام کرتا ہوں اور دونوں کے تئیں اپنے اعلیٰ اور ارفع جذبات اور احساسات کا ہدیہ پیش کرتا ہوں. اردو اور اہل اردو کی جو کچھ بھی خدمت اردو نیوز سے اس عرصے میں بن آئی ہے اس پر اپنی خوشی اور مسرت کا اظہار کرتا ہوں. اردو زبان میں جو سلاست، شگفتگی اور رعنائی ہے میں اس کا معترف اور ثناء خواں ہوں. میں اپنی جانب سے اور اپنے رفقائے کار اردو نیوز کے سارے اسٹاف کی جانب سے اس عزت اور حوصلہ افزائی پر ہندوستانی بزم اردو کا شکر گزار ہوں. میں خلیجی مجلس تعاون کے رکن ملکوں کے اردو خواں حضرات سرپرستان اردو نیوز کو یقین دلاتا ہوں کہ ہم اسی طرح انشاء اللہ زبان اردو کی خدمت کرتے رہیں گے اور انہوں نے ہمارے ساتھ جو توقعات وابستہ کی ہیں ان پر پورا اتریں گے اور انشاء اللہ اردو نیوز خلیج عربی کا ایک ممتاز اور وقیع اخبار بنے گا اور ترقی کی منازل طے کرے گا.

میں مملکت سعودی عرب اور خلیجی مجلس تعاون کے رکن ملکوں میں مقیم ہندوستانی کمیونٹی بالخصوص ہندوستانی بزم اردو ریاض کا بہت شکر گزار ہوں جنہوں نے اس تقریب کا اہتمام کیا اور مجھے اور اردو نیوز کو اس اعزاز سے نوازا اور اعزاز سے بڑھ کر اپنی محبت سے نوازا

والسلام علیکم ورحمۃ اللہ وبرکاتہ

۹/۷/۹۸

محمد المختار الفال

ایڈیٹر ان چیف

INTERNATIONAL INDIAN SCHOOL
RIYADH
Affiliated to C.B.S.E., New Delhi - Code No. 57303
Under Saudi Ministry of Education - License No. 1654/416

INDIA
1947-1997

المدرسة العالمية الهندية
الرياض
مطابقة مع مقررات الهيئة المركزية للتعليم المدرسية بنيودلهي بموجب رقم ٥٧٣٠٣
تحت إشراف وزارة المعارف بالمملكة العربية السعودية - ترخيص رقم ١٦٥٤ / ٤١٦

پیام

ہندوستانی بزم اردو تمام تر تعریفوں کی صحیح معنوں میں مستحق ہے کیوں کہ ایک مختصر عرصے میں اس بزم نے وہ سب کچھ کر دکھایا جو نامی گرامی ادارے ایک طویل عرصے میں نہیں کر سکے. کامیاب مشاعروں کا انعقاد، انٹر نیشنل انڈین اسکول ریاض میں طلباء اور طالبات کے لئے اردو تقریری مقالوں کا سالانہ انعقاد، لطیفہ گوئی کی محفلیں اور دیگر تقاریب سجاکر ریاض کے باذوق سامعین کی دلچسپی کا سامان مہیا کرنا اور اردو کی ترقی و ترویج کے لئے جو بھی ممکن ہو سکے اسے کرنے کی جستجو بزم کے کئی ایک کارناموں میں سے چند ہیں.

محب اردو ایوارڈ کو قائم کر کے بزم نے ایک اور قابل ستائش کام انجام دیا ہے. اس امر کے لئے میں بزم کے عہدیداروں خاص کر نواب سکندر علی خان، ڈاکٹر عابد معزاور جناب محمد عبدالرحمٰن سلیم کی کوششوں کو سراہتے ہوئے پہلا ایوارڈ پانے پر اخبار اردو نیوز کے ناشر کو مبارک باد پیش کرتا ہوں.

ڈاکٹر افسر خان
پرنسپل

۵ ستمبر ۹۸

محمد سکندر علی خان

خطبہ استقبالیہ

سارے جہاں میں دھوم ہماری زبان کی ہے

صدیوں کے سامراجی تسلط کے خاتمہ کے بعد ہندوستانی قوم نے جو سفر شروع کیا تھا وہ منزل تک پہونچ جانے میں پورا کامیاب تو نہیں ہوا لیکن پرپیچ راہوں سے گذرتے ہوئے جو اہم سنگ میل قائم کئے گئے وہ قوم کو ایک نیا حوصلہ عطا کرنے کے ضامن ثابت ہوئے. دوری منزل کے احساس کے ساتھ قوم کے ہر فرد میں منزل کو پالینے کے عزم مصمم کو جو تقویت حاصل ہوئی ہے وہ ہمارے مستقبل کو درخشاں بنانے کا ضامن ہے.

گذشتہ نصف صدی کے دوران انتہائی نا مساعد حالات کے باوجود ہندوستان نے ترقی کی جو منزلیں طے کیں اور عالمی برادری میں جو نمایاں مقام حاصل کیا اس پر ساری قوم بجا طور پر فخر کر سکتی ہے. اس حقیقت سے بھی انکار نہیں کیا جاسکتا کہ کسی بھی ملک کو غلامی سے نجات دلانے کے لئے اس ملک کی زبان و ادب کا بڑا حصہ ہوتا ہے. ہندوستان میں بھی جب حصول آزادی کے لئے جد و جہد جاری تھی اس وقت اردو ہی مشترکہ تہذیب کی علمبردار تھی اور ملک کے کونے کونے میں بولی اور سمجھی جاتی تھی.

آج اردو زبان کی جو حالت زار ہے وہ کسی سے پوشیدہ نہیں. یوں سمجھئے کہ ایک حسین اور جمیل دوشیزہ پر بیوگی کا لبادہ اڑھا دیا گیا ہے. جہاں اس نے جنم لیا، پلی بڑھی، جہاں اس کی زلفیں سنواری گئیں اور جہاں اس کی ناز برداریاں اٹھائی گئیں وہیں آج اس کی وقعت نہ رہی. در بدر کی ٹھوکریں کھاتی اس زبان کو خود اپنوں نے سہارا نہ دیا.

غیر تو غیر تھے اپنوں نے بھی چھوڑا اس کو

ان حالات میں اردو زبان کی بقا کے لئے اپنا دیس ہو یا دیار غیر جہاں بھی، جو بھی، جیسے بھی کوششیں ہو رہی ہیں ان کی ہمت افزائی کی جانی چاہئیے. خاص طور پر پردیس میں رہنے والوں کی ہمدردیاں اردو زبان کے لئے ایک قیمتی اثاثہ ہیں. پرائے وطن میں رہ کر اردو کے لئے کچھ کرنا اپنے وطن میں بہت کچھ کرنے سے زیادہ ہے.

گذشتہ پانچ سالوں سے ہندوستانی بزم اردو ریاض کے کارکن اس صحرائے عربی میں گلشن اردو کی آبیاری کرتے ہوئے ہمہ تن مصروف ہیں. وقتاً فوقتاً مشاعروں کا انعقاد، ادبی محفلوں کی آراستگی اور طلباء کے لئے اردو زبان میں تقریری مقابلوں کا انعقاد بہ پابندی کیا جاتا ہے. سال حال یہ طے پایا کہ سعودی عرب میں اردو کی ترویج و اشاعت کے لیے جو کوششیں ہو رہی ہیں ان کی ہمت افزائی کے لئے " محب اردو " ایوارڈ پیش کیا جائے تا کہ اردو زبان کی ترقی کی کوشش زینہ بہ زینہ آگے بڑھتی رہیں.

۱۹۹۸ء کا یہ باوقار ایوارڈ "اردو نیوز" کے ناشر سعودی ریسرچ اینڈ پبلشنگ کمپنی کو دیا جا رہا ہے.

ہندوستانی بزم اردو کی طرف سے عالم عرب سے شائع ہونے والے پہلے اردو جریدے اردو نیوز اور اس کے ناشرین کو دلی مبارکباد ۔ع یاد رکھو تو دل کے پاس ہیں ہم بھول جاؤ تو فاصلہ ہے بہت

ہندوستانی بزم اردو کی جانب سے آپ تمام کا خیر مقدم کیا جاتا ہے اور امید کی جاتی ہے کہ آپ تمام کا تعاون ہماری بزم کو ہمیشہ حاصل رہے گا.

یاد رکھیئے : "اردو زبان کا تحفظ اپنی تہذیب کا تحفظ ہے ۔"

اردو رسالے اور میگزین خرید کر پڑھیئے
اردو زبان کی ہمت افزائی ہوگی

ماہنامہ شگوفہ حیدر آباد
طنز و مزاح کا منفرد رسالہ

ماہنامہ سب رس حیدر آباد
اردو کا ادبی و تہذیبی رسالہ

ماہنامہ سائنس نئی دہلی
سائنسی ادب کا منفرد رسالہ

ان تمام رسالوں کی رکنیت کے لئے ربط پیدا کریں
ہندوستانی بزم اردو ۔۔ عابد معز فون ۴۶۴۸۰۳۳

آرکیٹیکٹ محمد عبدالرحمٰن سلیم

تعارف ہندوستانی بزم اردو، ریاض

ہندوستانی بزم اردو ریاض وطن سے دور اردو زبان کی ترویج و اشاعت، ترقی اور ارتقاء کی غرض سے اردو والوں کی جانب سے قائم کی گئی تنظیم ہے۔ جس کے بنیادی مقاصد میں وطن سے دور اردو زبان اور اپنی تہذیب اور اس سے جڑے تمام ورثہ کو قائم اور دائم رکھنا اور آئندہ نسلوں تک پہنچانا ہے۔ اس کے علاوہ ادیبوں، شاعروں اور شعر و ادب سے دلچسپی رکھنے والوں کو دیار غیر میں آپس میں باندھے رکھنے کی ایک زنجیر کا نام ہندوستانی بزم اردو ہے۔

بزم کے صدر نواب سکندر علی خان ہیں جو ریاض کی ممتاز شخصیتوں میں شامل ہیں اجوا نباتی کمپنی کے ڈپٹی کمرشیل ڈائرکٹر ہونے کے علاوہ کئی سماجی اور تہذیبی تنظیموں کے اعلیٰ عہدوں پر فائز ہیں۔ موصوف حیدرآبادی تہذیب کا اعلیٰ نمونہ اور مہمان نواز واقع ہوئے ہیں۔ بزم کے معتمد عمومی محمد عبدالرحمٰن سلیم ہیں، ریاض کی ایک مشہور تعمیراتی فرم میں چیف آرکیٹیکٹ کے عہدہ پر گذشتہ دس برسوں سے برسر خدمت ہیں۔ ڈاکٹر عابد معز بزم کے خازن اور روح رواں ہیں۔ پیشہ کے لحاظ سے طبیب و ماہر تغذیہ ہیں جو وزارت صحت میں مشیر ہیں۔ عابد معز ممتاز مزاح نگار ہیں جن کے مضامین کے دو مجموعے واہ حیدرآباد اور سگ گزیدہ شائع ہو چکے ہیں علاوہ ازیں وہ اردو دنیا کے منفرد طنز و مزاحیہ رسالہ شگوفہ کے اوور سیز ایڈیٹر ہیں۔ اراکین میں محترمہ عذرا نقوی، جناب کے۔ این۔ واصف، جناب غوث ارسلان اور جناب محمد اکرم شامل ہیں۔ عذرا نقوی کا تعلق گہوارہ علم و ادب شہر علی گڑھ سے ہے۔ وہ نامور شاعرہ اور افسانہ نگار ہونے کے علاوہ پیشہ تدریس سے وابستہ ہیں۔ کے۔ این۔ واصف ممتاز صحافی اور فوٹو گرافر ہیں۔ مختلف اخبارات اور رسائل سے وابستہ ہیں۔ غوث ارسلان کمپیوٹر پروگرامر کے عہدہ پر فائز ہیں علاوہ ازیں اردو صحافت سے ان کی دیرینہ وابستگی ہے وہ بہترین خطاط بھی ہیں۔ محمد اکرم ممتاز سماجی کارکن ہیں کئی ایک سماجی تنظیموں سے وابستہ ہیں۔

بزم کے زیر اہتمام کئی مشاعروں کا اہتمام کیا گیا جس میں سعودی عرب کے مختلف شہروں سے ادبی رتبہ کے

حامل نامور شعرا کو مدعو کیا گیا۔ یہ مشاعرے انتہائی کامیاب ہوے اور مختلف گوشوں سے سراہا گیا۔ سنجیدہ مشاعروں کے علاوہ مزاحیہ مشاعرے بھی منعقد کئے گئے۔ ہندوستانی بزم اردو کا مقصد ان مشاعروں کے ذریعے سستی تفریح فراہم کرنا نہیں ہوتا بلکہ شستہ ذوق کی تسکین اور اچھے ادب کو فروغ دینا ہے اسی نقطہ کے پیش نظر معیاری و معتبر شعرا کا انتخاب کیا جاتا ہے۔ بزم کے مقاصد میں اپنے ادبی اور تہذیبی ورثہ سے نئی نسل کو واقف کرانا اور ان میں ذوق پیدا کرنے کے علاوہ ان کی پوشیدہ صلاحیتوں کو اجاگر کرنا ہے چناں چہ ۹۶ء سے انٹرنیشنل انڈین اسکول کے طلباء و طالبات کے لئے بین جماعتی مقابلوں کی داغ بیل ڈالی گئی۔ یہ مقابلے ہر سال پابندی سے منعقد کئے جارہے ہیں۔ طالبات کے لئے قلی قطب شاہ یادگار شیلڈ اور طلباء کے لئے مولانا ابوالکلام آزاد شیلڈ کا اعلان کیا گیا۔ علاوہ ازیں دوسرے اور تیسرے نمبر پر آنے والوں کو انعامات اور اسنادات دئے جاتے ہیں۔ ان مقابلوں کے سلسلے میں منعقدہ پروگرامس کی صدارت شہر ریاض کی ممتاز شخصیتوں نے کی اور ججس کے فرائض ممتاز ادبی شخصیات نے انجام دیں۔ یہ مقابلے سالانہ منعقد کئے جاتے رہیں گے۔ عید الفطر کے موقع پر ۲۸ فروری ۹۸ کو ہندوستانیوں کے لئے عید میلاپ کی خصوصی تقریب کا اہتمام کیا گیا جس کے مہمان خصوصی سفیر ہند تھے۔

آزادی ہند کی گولڈن جوبلی تقاریب کے سلسلے کی پہلی محفل منعقد کرنے کا اعزاز بھی ہندوستانی بزم اردو کو حاصل رہا ہے۔ ۲۱ اگست ۹۷ء کو مشاعرہ جشن آزادی ہند منعقد کیا گیا جس کے مہمان خصوصی سفیر ہند عزت مآب جناب حامد انصاری تھے۔ سعودی عرب کے ممتاز صحافی جناب طارق غازی منیجنگ ایڈیٹر روزنامہ سعودی گزٹ نے صدارت کی۔

بزم کی جانب سے شام شگوفہ کے عنوان سے مزاحیہ مشاعرہ منعقد کیا گیا۔ ہندوستان کے معروف مزاحیہ شاعر جناب خواہ مخواہ نے بطور خاص شرکت کی۔ ایک یادگار محفل لطیفہ گوئی زندہ دلوں کی شام کا اہتمام کیا گیا۔ جس میں غیر مقیم ہندوستانیوں کی بڑی تعداد شریک رہی اور مسلسل تین گھنٹوں تک قہقہے لگاتے رہے۔

ہندوستانی بزم اردو اپنے کارکنوں کی محنت، ہمت اور جستجو کی بدولت ریاض میں فعال بزم کے طور پر آئندہ بھی اردو کی ترقی کے لئے کام کرتے رہے گی۔ اس ضمن میں ڈاکٹر عبدالمعز، محمد غوث محی الدین، تاج الدین، محمد نعیم الدین، محمد مکرم سبحانی اور عبداللطیف پرویز و دیگر اصحاب کا خاص تعاون شامل حال رہتا ہے اور آئندہ بھی انشاء اللہ شامل رہے گا۔

علیم احمد صدیقی

نعت

وہ شاہ امم ہیں وہ نور الھدیٰ ہیں
قسم ربِ اعلیٰ کی شمس الضحیٰ ہیں
ملائک بھی تسبیح پڑھیں ان کی ہر دم
خدا کی قسم وہ ہی بعد از خدا ہیں
مجھے کیوں ہو وحشت مجھے تو یقین ہے
وہی اپنے رہبر وہی ناخدا ہیں
جو سب کا گماں ہے وہ اپنا یقین ہے
قیامت کے شافع رسول خدا ہیں
علیم اس کی قسمت پہ نازاں ہیں سب
حمایت میں جس کی شفیع الوریٰ ہیں

محبِ اردو ۱۹۹۸ (سونیر) 18 ہندوستانی بزم اردو

ذکا صدیقی

ظفر مہدی

غزلیں

گھٹاؤں کو برس کر کیا ملے گا
یہ دشت دل سدا پیاسا ملے گا
تمھیں کو حسن پر ہے ناز اتنا
ہر اک گھر میں اک آئینہ ملے گا
بھری محفل کی رونق جو بھی ہوگا
بھری محفل میں وہ تنہا ملے گا
یہاں سے اٹھ چلیں، لیکن کہاں جائیں
یہاں رہکر بھی ہم کو کیا ملے گا
محبت کی طلسمی داستاں ہے
سدا اک بند دروازہ ملے گا
اندھیرے میں بکھرتی چیخ سن لو
• پھر اس کے بعد سناٹا ملے گا

محبت ہر زمانے کی ضرورت
حقیقت میں فسانے کی ضرورت
توازن کے لئے ہر دور کو ہے
نئے میں کچھ پرانے کی ضرورت
ابھرنا ہے اگر مانند سورج
تو پھر ہے ڈوب جانے کی ضرورت
یہ سب گوشہ نشینی کا تماشہ
فقط شہرت کمانے کی ضرورت
بھری محفل میں جو تنہا لگا ہے
اسے ہنسنے ہنسانے کی ضرورت
جو اپنی کامیابی پر ہے نازاں
ہے اس کو آزمانے کی ضرورت

اردو پڑھیئے اردو لکھئیے اردو سیکھئیے

ہندوستانی بزم اردو ریاض کی جانب سے اردو زبان دانی، اردو دانی اور اردو انشاء کی تعلیم کا انتظام کیا گیا ہے۔ ادارہ ادبیات اردو حیدر آباد کی زیر نگرانی امتحانات منعقد ہوں گے۔

تفصیلات کے لئے ربط پیدا کریں

غوث ارسلان ۴۰۳۷۵۱۳

ڈاکٹر سعید نواز

دل ڈھونڈتا ہے پھر وہی فرصت کے رات دن

بیٹھے ہوئے سکون سے اک سبزہ زار پر
سورج طلوع ہونے کا منظر تکا کریں
اور کچھ ٹہر کر جیب سے کاغذ نکال کر
اپنی ادھوری نظموں کے مصرعے لکھا کریں

اٹھ کر کبھی یہاں سے وہاں دوڑتے چلیں
جاکر وہاں پہ لیٹ کر سستا لیا کریں
راہوں میں جھک کے گھاس کے تنکے اکھاڑ لیں
پتے قسم قسم کے جمع کرلیا کریں

جب کھل چلیں گی جھومتے بادل کی چھتریاں
جب آم کے درخت کے پنکھے ہوا کریں
گھاٹی پہ چڑھ کے خود ہی پکاریں گے اپنا نام
اور بازگشت کی بھی صدا سن لیا کریں

فرصت کی اس گھڑی سے بھی جب اوب جائے دل
جب اور کچھ سمجھ میں نہ آئے کہ کیا کریں
واپس چلیں گے پھوس کے اس سائبان میں
جاناں کے تصور میں وہاں بیٹھ جائیں جب

بیٹھے رہیں تصور جاناں کئے ہوئے
دل ڈھونڈتا ہے پھر وہی فرصت کے رات دن

ڈاکٹر عفار حسینی

کھلے دریچے!

جب بھی نظریں کھلے دریچوں سے
جھانکتی ہیں خلا کے سینے میں
دیکھتا ہوں کہ مردہ دھرتی کے
خشک ہونٹوں پہ عکس پڑتا ہے
چاند کی پھیکی پھیکی کرنوں کا

سوکھے پتوں کے پیلے چہروں سے
بے بسی کے ہزاروں گیتوں کا
ایک سیلاب سا امڈتا ہے
کان چھنتے ہیں دل دہلتا ہے
اور میں پھر بہت ہی گھبرا کے
بند کرتا ہوں ان دریچوں کو

اردو کی نئی نسل کو تیار کرنا
ہم سب کا اولین فرض ہے

●

اردو زبان کا تحفظ آپ کی
اپنی شخصیت کا تحفظ ہے

عذرا نقوی

جادو نگری

زندگی کی تلخیاں، ناکامیاں رگ رگ میں گھل کر روح
کا یرقان بن جائیں
تو میرے ساتھ آؤ
آؤ اپنی جادو نگری کی جھلک دکھلاؤں تم کو
آسمان کے کینوس پر
تیرتے بنتے بگڑتے بادلوں کا رقص دیکھو
چاند بانہوں میں سمیٹو
مہرباں سورج کی شفقت بند آنکھوں میں بسالو
ذرا ٹھہرو!
کبھی تم نے گھنے جنگلوں میں شاخوں سے ٹپکتے شبنمی
موتی نہیں دیکھے
کبھی سرما کی رت میں
برف کی چادر پہ بکھری چاند کی روپا نہیں دیکھی
کبھی گندم کے کھیتوں میں اگا سونا نہیں دیکھا؟
کبھی اونچی چٹانوں، کوہساروں سے کئی صدیوں کے
افسانے سنے تم نے؟
کسی گمبھیر ساحل سے نہیں دیکھا
کہ کیسے چیختا، بپھرا سمندر دھیرے دھیرے شانت
ہوتا ہے
کبھی معصوم بچوں کے ہنسی کے نقرئی گھنگرو سمیٹے ہیں
کبھی چاہت کے ہونٹوں سے کسی جلتے ہوئے ماتھے
کو چوما ہے
میں تم سے پوچھتی ہوں
کہ تم نے
ماں کی گود کی حرارت
خاندانوں کی شرافت
پیار کی راحت نہیں پائی
ذرا سوچو!
یہ ساری جادو نگری، یہ حسیں کومل مدھر دنیا تمھاری ہے

ڈاکٹر پرویز احمد

جدید ترانہ برصغیر

سارے جہاں میں چرچا ہے گورے خاں تمھارا
تم چودھری ہو سب کے سارا جہاں تمھارا
پابندیاں لگا کر ہم کو ڈرا رہے ہو
مہنگا پڑے گا تم کو طرز بیاں تمھارا
دنیا کی نعمتوں پر حق ہے سبھی کا یکساں
تم کو ہے کیوں یہ دعویٰ ارض و سماں تمھارا
ہم کو سکھا رہے ہو آداب نسل انساں
آوارہ پھر رہا ہے پیر مغاں تمھارا
ایٹم بموں پہ چڑھ کر بیٹھے تھے تم اکڑ کر
روکا ہے ہم نے بڑھ کر سیل رواں تمھارا
ترتیب طرز نو میں حقدار بن گئے ہم
اس بات سے بڑھا ہے درد نہاں تمھارا
یونان و مصر و روما سب مٹ گئے جہاں سے
باقی رہے گا کب تک نام و نشاں تمھارا

انور اسحاقی

قطعہ

کتنی پیاری زبان ہے اردو
سب زبانوں کی جان ہے اردو
کوئی مذہب نہیں ہے اردو کا
ہند کی آن بان ہے اردو

عابد معز

اردو ہے جس کا نام

سرزمین عرب سے اردو اخبار کا جاری ہونا ایک غیر معمولی واقعہ ہے. اردو کے چاہنے والوں کی عید ہوئی. محفلوں میں نئے اخبار کا چرچا ہونے لگا. ہم بھی اردو نیوز کے مبلغ بنے احباب سے اخبار خریدنے اور اس کی ترقی کے لئے تعاون کی درخواست کرنے لگے.

ایک برتھ ڈے پارٹی میں اور لوگوں کے ساتھ ہم بھی مدعو تھے. ڈنر سے پہلے احباب ایک دوسرے کا تعارف کروانے اور خوش گپیوں میں مصروف تھے. ہمارے بائیں بازو ایک خوش شکل وجیہہ اور متین نوجوان براجمان تھے. ایک مشہور کمپنی میں کمپیوٹر انجنیر کے عہدہ پر فائز ہیں. دیگر باتوں کے درمیان ہم نے پوچھا سعودی عرب سے اردو اخبار شائع ہو رہا ہے. کیا آپ نے دیکھا؟

ہاں بقالہ پر میں نے دیکھا ہے. مختصر جواب کے بعد وہ خاموش ہو گئے تو ہم نے دوسرا سوال کیا. آپ نے اخبار پڑھا ہوگا. اخبار کے تعلق سے آپ کی کیا رائے ہے.

جی مجھے اردو نہیں آتی. بے رخی سے جواب دے کر موصوف دوسری جانب دیکھنے لگے. ہم نے حیرت سے استفسار کیا. لیکن نوجوان آپ ہم سے اردو میں ہم کلام ہیں.

آپ میرا مطلب سمجھنے میں ناکام رہے ۔۔ اس جملہ کو انگریزی میں ادا کرنے کے بعد وہ اردو میں گویا ہوئے میں کانونٹ اسکول کا پڑھا ہوا ہوں مجھے اردو پڑھنا اور لکھنا نہیں آتا.

آپ اردو بول لیتے ہیں اور اردو سمجھ لیتے ہیں. اردو میں خواب بھی دیکھتے ہوں گے اور یقیناً اردو آپ کی مادری زبان ہوگی ۔۔ نوجوان نے بے بسی سے گردن ہلائی. ہم اردو کی محبت میں نوجوان پر طنز کر بیٹھے ۔۔ مطلب یہ کہ آپ پڑھے لکھے نہیں ہیں.

جی کیا فرمایا ۔۔ نوجوان نے ناگواری سے کہا. ناراضگی ان کے معصوم چہرہ سے عیاں تھی، احساس ہوا کہ انہیں یوں ٹھیس نہیں پہنچانی چاہیے تھی لیکن مادری زبان ہونے کے باوجود کہنا کہ اردو نہیں آتی، سن کر ہمیں جو تکلیف ہوئی اس کا اظہار ہم نہ کرسکے.

ہم نے خفت مٹانے کے لئے وضاحت کی میرا مطلب ہے کہ آپ اردو لکھ پڑھ نہیں سکتے لیکن اردو آپ کو آتی ہے.

نوجوان کے چہرہ کا کھنچاؤ کچھ کم ہوا. اپنے مقصد میں ناکام ہونے کے باوجود ہم نے ہمت نہیں ہاری. یوں بھی ناکامی صرف پچاس فی صد تھی. ہم نے قیاس کیا کہ موصوف کی بیگم کو اردو ضرور آتی ہوگی وہ اردو اخبار ضرور پڑھ سکتی ہوگی. احتیاطاً ہم نے سوال کیا۔ آپ کے گھر میں اردو آتی ہوگی؟ گھر میں؟ نوجوان کے چہرے پر ناگواری کے اثرات پھر سے ظاہر ہوئے. انہوں نے انگریزی میں دریافت کیا۔ آپ کا مطلب کیا ہے.

ہم نے وضاحت کی ۔۔ ہم نے پوچھا ہے کہ کیا آپ کی وائف کو اردو آتی ہے. جواب ملا نہیں وہ بھی کانونٹ کی گریجوئٹ ہیں.

نوجوان کے برابر بیٹھے ہوئے بزرگ جو دیر سے ہماری گفتگو سن رہے تھے مخل ہوئے صاحبزادے آپ کے بچوں کی مادری زبان کیا ہے؟

ظاہر ہے اردو ۔۔ نوجوان نے سینہ پھلا کر کہا.

بقول شخصے مادری زبان ماں کو آتی ہے اولاد کو نہیں. نوجوان کے بازو بیٹھے صاحب ہم سے مخاطب ہوئے. لیکن جب ماں کو ہی اردو نہیں آتی ۔۔ پھر وہ مادری زبان کیوں کر کہلائی جائے گی. اردو تو آپ کی اور ہماری زبان ہے جدی زبان.

نوجوان سے رہا نہ گیا اردو کے حوالے دونوں بازو ان پر حملہ آور ہونے لگے معاف فرمائیے میں ابھی آیا کہہ کر وہ دوسری جانب چلے گئے اور ہمیں محسوس ہوا جیسے اردو زبان ہمارے درمیان سے نکلی جا رہی ہے لیکن واپس آنے کے وعدے سے امید قائم ہے.

کے. این. واصف

اردو کی نئی بستیاں

پٹرول کی دولت نے بہت سے ممالک کی تقدیریں بدل دیں. دولت کی ریل پیل نے تیسری دنیا کے باشندوں کے لئے خلیج کے دروازے کھولے یہاں آنے والوں نے مالی آسودگی پائی پٹرول کی دولت سے زندگی کے مختلف شعبوں پر مثبت اثرات مرتب ہوے ان میں زبان کی ترویج واشاعت بھی شامل ہے. ہندو پاک کی مختلف ریاستوں کے اردو بولنے والے یکجا ہوے. اردو کی نئی بستیاں آباد ہوئیں. اردو ادب کو نئے تجربات اور مشاہدات حاصل ہوے جو بین الاقوامی شہروں میں مخلوط تہذیبوں کے ملن کا نتیجہ تھے. دونوں ممالک کے اخبار رسائل اور کتابوں کی نکاسی یہاں کے بازاروں میں ہونے لگی. تاخیر سے ہی سہی سعودی ریسرچ اینڈ پبلشنگ کمپنی (ایس آر پی سی) نے تو اردو کا روزنامہ ہی شروع کر دیا. ہندو پاک سے کثیر تعداد میں اردو اخبارات کی آمد کے باوجود ایس آر پی سی کے اردو نیوز کی اتنی بڑی تعداد اشاعت یہاں اردو کی مقبولیت کا اظہار کرتی ہے. (یہاں ہمیں اس بات کا اعتراف بھی کرنا پڑے گا کہ یہاں کے جملہ اردو اخبارات کے سرکیولیشن کی تعداد اردو بولنے والوں کی تعداد سے بہت کم ہے. ان میں قوت خرید رکھنے والوں کی اکثریت کے باوجود).

رزق کی تلاش میں وطن سے اڑنے والے غول میں شاعر، ادیب اور فنکار بھی یہاں آئے. غم روزگار سے فراغت پائی تو تسکین روح کے سامان جٹانے لگے. ہر شہر میں ادبی انجمنیں جنم لینے لگیں چھوٹی بڑی شعری نشستیں اور باقاعدہ مشاعروں کا سلسلہ شروع ہوا. شہر ریاض میں بھی چند انجمنیں بنیں اور یہ انجمنیں ادب و زبان کے تئیں اپنا حق ادا کرنے کی کوششیں کر رہی ہیں.

کچھ ادیب و شاعر وہاں سے آئے اور کچھ نے یہاں اپنے ادبی سفر کا آغاز کیا. ہر دو صورتوں میں اردو کی بزم میں نیے چراغ جلنے کا سلسلہ قائم ہوا. اور سارے گلف میں اردو کا ایک اچھا ماحول پیدا ہوا. بڑے پیمانے پر

ہندو پاک مشاعرے، شعراء کے جشن کے سلسلے نے ایک کامن پلیٹ فارم پر ہندو پاک کے شعرا کو یکجا کیا. اس طرح معاشی انقلاب کے بعد گلف میں یہ تین دہائیاں ہماری سوختہ بخت زبان کے حق میں اچھی ثابت ہوئیں. شمع اردو کے اطراف حلقہ کئے ہوئے یہ دیوانے حتی المقدور اپنی زبان کا حق ادا کر رہے ہیں. چند انجمیں نئی نسل کو اردو سے واقف کروانے کا کام کر رہی ہیں تو کہیں زبان و تہذیب کے لئے مشاعرے اور ادبی محفلیں آراستہ کی جا رہی ہیں. سوسائٹی میں اردو کا ماحول پیدا کرنا اور اسے بنائے رکھنا بھی زبان کی خدمت ہی ہے.

الیکٹرانک کے عہد نے جہاں ہمارے کچھ تہذیبی اقدار کو نقصان پہنچایا ہے وہیں شعر و ادب اور فنون لطیفہ سے لطف اندوز ہونے کی صفت کو بھی نقصان پہنچایا ہے. یعنی آج اردو کے قارائین کم ہو رہے ہیں اور سامعین و ناظرین کی تعداد بڑھ رہی ہے جو زبان کی بقاء کے لئے ایک غیر صحت مند علامت ہے.

اردو زبان نے اپنے طویل سفر میں بہت سے نشیب و فراز دیکھے لیکن آج یہ وقت آیا کہ اردو بولنے والے بلا جھجک یہ کہہ رہے ہیں کہ انہیں اردو پڑھنا لکھنا نہیں آتا لہذا اب ہماری انجمیں اس سمت متوجہ ہوں اور اردو کے قارائین بڑھانے کی کوشش کریں. اردو والوں میں اردو کے اخبار، رسائل اور کتابیں خریدنے اور پڑھنے کے شوق کو بڑھاوا دیں. چھوٹے پیمانے پر اور انفرادی طور پر اردو کی ترقی و ترویج میں اس سے اچھی کوئی کوشش نہیں ہو سکتی. ()()

عصری کمپیوٹر ٹیکنالوجی کے ذریعے بہترین اور عمدہ طباعت و تشہیر
کے لئے ہماری خدمات پیش ہیں

ڈائیا گرافک ڈیزائن ایڈورٹائزنگ ایجنسی

پوسٹ باکس نمبر ۱۹۹۱ ریاض ۱۱۴۳۱ سعودی عرب فون ۴۴۱۳۹۰۰

اقبال فرید میسوری

غـزل

اکیلا ہی چلوں اس راہ پر اچھا نہیں لگتا
محبت میں کبھی تنہا سفر اچھا نہیں لگتا

مجھے خواہش رہی عمر بھر نایاب موتی کی
گرے جو آنکھ سے تیری گہر اچھا نہیں لگتا

طبیعت جھوٹ کہنے پر کبھی مائل نہیں لیکن
مرے سچ سے کوئی پائے ضرر اچھا نہیں لگتا

کبھی بادل کے نرغے میں کبھی سورج کے چنگل میں
مصائب میں گھرا مجھ کو قمر اچھا نہیں لگتا

تمہاری گل فشانی کو سماعت بھی ترستی ہے
تمہارے لب سے قصہ مختصر اچھا نہیں لگتا

پسند اپنی، وضع اپنی، طرح اپنی، خیال اپنا
فرید اک رنگ ہے رنگ دگر اچھا نہیں لگتا

انجم اقبال

غـزل

دوستی آپ سے اے جان کے دشمن رکھنا
گویا ھر لمحہ تہہ تیغ ہے گردن رکھنا

ایسی رنجیدہ فضاؤں میں کہاں ممکن ہے
شعلہ غم سے بچائے ہوئے دامن رکھنا

کیا خبر کون سے لمحے میں ہو بجلی کی لپک
کوئی بادل بھی چھپائے پس خرمن رکھنا

امتحاں گر نہیں منظور تو پھر کیا معنی؟
کوچہ شوق کے ہر موڑ پہ قدغن رکھنا

رہ گئے پھر وہی اجڑے ہوئے منظر باقی
ایسے ویرانوں میں کیا اپنا نشیمن رکھنا

کھو نہ جائے کہیں بچھڑا ہوا ساتھی انجم
شہر دل کے سبھی چوراہوں کو روشن رکھنا

تہذیب. زبان سے پہچانی جاتی ہے
اردو سے تغافل، تہذیب کا خاتمہ ہے

غزلیں

محمود شاھد

ویران وحشت کا سایہ منجمد
تاریک رات کا تارا منجمد
طوفان کے غضب سے نا آشنا
پھیلا ہے دور تک صحرا منجمد
آب و ہوا پہ چھائی ہے مردنی
تازہ گلاب کا چہرہ منجمد
سورج کی آگ سے بھی بہتا نہیں
ٹھہرا ہوا ہے اک دریا منجمد
بیٹھا ہوں ایک ہی حالت میں یہاں
پاؤں ضعیف ہیں رستہ منجمد
پتھر سا ہوگیا ہے چہرہ مرا
پیش نظر ہے آئینہ منجمد
جامد ہے تیرا شاہد طرز بیاں
الفاظ منجمد لہجہ منجمد

سعید احمد منتظر

آئینہ کہہ رہا تھا تیرا حسن ڈھل گیا
دیکھے جو خد و خال میرا دل دہل گیا
یہ درس دے رہی ہے ہمیں شمع بار بار
روشن وہی ہوا کہ جو اک بار جل گیا
کیفیت الم سے وہی ہوگا آشنا
ٹھنڈی ہوا کے جھونکوں سے گھر جس کا جل گیا
خودداریوں پہ بن گئی لیکن میں کیا کروں
روے وہ اس طرح کہ میرا دل مچل گیا
باد صباء سموم بنی آج دفعتاً
تم کیا بدل گئے کہ زمانہ بدل گیا
راہ وفا کا قصد کرے گا نہ کوئی اب
انجام میرا دیکھ کے عالم سنبھل گیا
نظریں ہماری منتظر راہ اب بھی ہیں
تارے بھی جبکہ ڈوب گئے چاند ڈھل گیا

بچوں کی صلاحیتیں ان کی مادری زبان سے ابھرتی ہیں
گھروں میں اردو تعلیم کا انتظام کیجئے

• عطیہ فاطمہ

آزادی کی ایک نظم

سنا اور پڑھا ہے
کہ ہم
غلامی کی زنجیروں میں جکڑے ہوئے تھے
ہم کو آزاد کرانے
ہندو، مسلم، سکھ، عیسائی
جو کبھی شیر و شکر تھے
پیوست رگ جاں تھے
محبتیں جن کی اٹوٹ تھیں
اپنا لہو بہایا
اور شہید ہوئے

•

غلامی سے رہائی ملی
نیا سورج آزادی لئے طلوع ہوا
تو منظر یوں بدلا
جو کبھی شیر و شکر تھے
ایک دوسرے سے ٹوٹ کر بکھر گئے
ایک دوسرے کے خون کے پیاسے ہوگئے
درمیاں میں نفرتوں کی دیواریں کھڑی ہوگئیں
ایک دوسرے سے باہم ہونے کے لئے
کیا پھر گردن میں غلامی کا طوق ڈالنا پڑے گا

محمد عبدالرحمٰن سلیم

غیر مقیم ہندوستانی

بھارت کی چاہتوں میں سرشار ہیں تو ہم ہیں
اپنے وطن کی خاطر بیمار ہیں تو ہم ہیں
وہ کون سی ہے بستی وہ کون سا نگر ہے
عالم میں ہر جگہ اب سردار ہیں تو ہم ہیں
تعمیر میں وطن کی بنیاد میں جڑے ہیں
معمار بھی ہمیں ہیں دیوار ہیں تو ہم ہیں
اپنوں سے دور کچھ ہیں آنسو بہانے والے
بے حال بھی ہمیں ہیں دلدار ہیں تو ہمیں
ملیالی و پنجابی ، گجراتی ، حیدرآبادی
ہم ہند کے ہیں ذرے نادار ہیں تو ہم ہیں
ہے فخر شہریت پر ہندوستانی ہم ہیں
اپنے وطن کے یارو آثار ہیں تو ہم ہیں
دل میں سلیم کی ہیں اپنے وطن کی یادیں
غربت میں بھی وطن کے غم خوار ہیں تو ہم ہیں

اردو کی بقا کے لئے ......

اردو کو زندہ رکھنے کا ایک طریقہ یہ بھی ہے کہ دعوت نامے اور اشتہارات اردو میں طبع کروائیے

اپنی بات

ہندوستانی بزم اردو، ریاض سعودی عرب کی فعال بزم ہے. یہ بزم زبان و ادب کے فروغ اور ترویج و اشاعت میں اہم رول ادا کر رہی ہے. پچھلے چند سالوں سے بزم کے زیر اہتمام ادبی اور ثقافتی تقاریب کا اہتمام کیا جارہاہے. اس سال فیصلہ کیا گیا کہ ہر سال سعودی عرب میں اردو زبان و ادب کی ترقی کے لئے کام کرنے والے ادارہ یا فرد کو خدمات کے اعتراف میں طلائی تمغہ و توصیف نامہ پر مشتمل محب اردو ایوارڈ پیش کیا جاے. بزم کے عہدیدار اور اراکین نے تجویز پیش کی کہ اس موقع کی یادوں کو تازہ رکھنے کے لئے سونیر شائع کیا جاے. کم مدت میں سونیر کی اشاعت ممکن نہیں تھی لیکن ہم نے ہمت نہیں ہاری اور نتیجہ آپ کے ہاتھوں میں ہے. ہماری کوشش رہی ہے کہ اس کو بہتر بنایا جاے. ہم معززین کے ممنون ہیں جنھوں نے اپنے پیامات سے نوازا اور نیک تمناوں کا اظہار کیا. مشاعرہ میں شریک شعرا اکرام نے ہماری خواہش پر اپنی تخلیقات روانہ کیں ہم ان کے شکر گزار ہیں.

جناب سید عبدالمعید نے مختصر وقت میں سونیر کو دیدہ زیب بنانے کی بھرپور کوشش کی جس کے لئے ہم ان کے شکر گزار ہیں. مشتہرین کے تعاون کے بھی ممنون ہیں.

امید کہ آپ کو ہماری یہ ادنیٰ کاوش پسند آے گی.

یار زندہ صحبت باقی

مجلس ادارت

صدر ۔ نواب سکندر علی خان

معتمد ۔ آرکیٹیکٹ محمد عبدالرحمن سلیم

خازن ۔ ڈاکٹر عابد معز

رکن عاملہ ۔ عذرا نقوی

رکن عاملہ ۔ کے. این. واصف

رکن عاملہ ۔ محمد اکرم

رکن عاملہ ۔ غوث ارسلان

آزادی ہند کی گولڈن جوبلی کا مشاعرہ ... سفیر ہند کے ہمراہ شعراء اور اراکین بزم

جناب سیف الدین سوز سابق مرکزی وزیر زندہ دلوں کی شام سے خطاب کرتے ہوئے
تصویر میں ڈاکٹر اوصاف سعید، محترمہ سلمیٰ انصاری، جناب افضل سنائی اور جناب نیرج سریواستو

انٹرنیشنل انڈین اسکول میں منعقدہ تقریری مقابلوں کے تقسیم انعامات

ہندوستانی بزم اردو کی محافل کے سامعین